Ojos
Color Acuarela

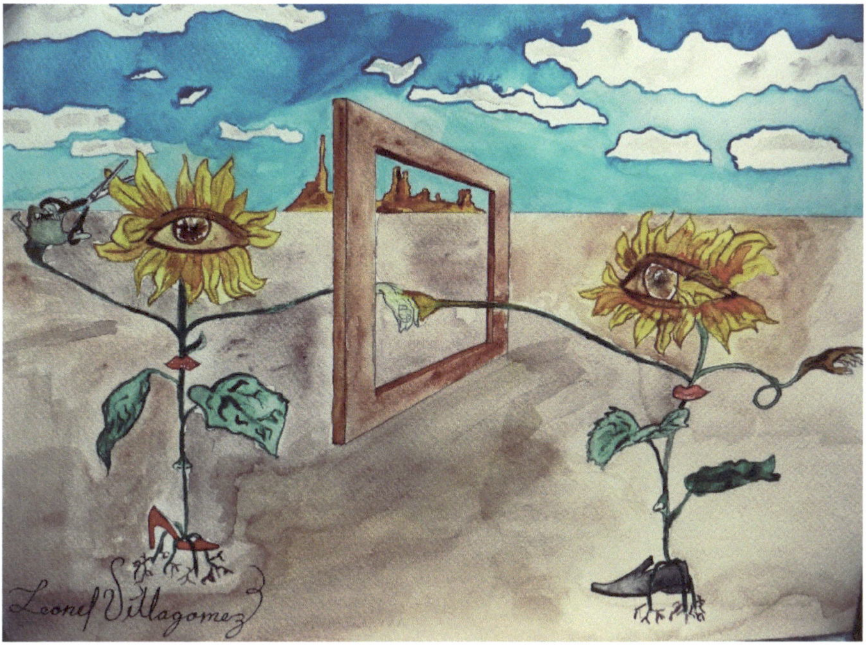

Leonel & Joshi Villagomez

Ojos Color Acuarela por Leonel Villagómez & Joshi Villagómez Publicado Independientemente. Seattle WA, USA.

www.joshivillagomez.com

www.villagomezart.com

Derechos Reservados © 2019 Leonel Villagómez & Joshi Villagómez

Todos los derechos reservados. Ninguna parte de este libro puede ser reproducida en ninguna forma sin el permiso del editor o del autor, excepto como lo permite la ley de derechos de autor de los Estados Unidos. Para obtener los permisos, póngase en contacto con nosotros:

writervillagomez@gmail.com

Arte y Portada por Leonel Villagomez

ISBN: 9781795576239

Ojos Color Acuarela

Por

Leonel & Joshi Villagómez

Leonel & Joshi Villagomez

Ojos Color Acuarela

Contenido D'Arte

I. La Vida
II. El Comienzo
III. La Ventana Dulce
IV. Amistad Entre la Jirafa y la Rosa
V. La Musa
VI. El Arpa del Cabello Dorado
VII. Don Roberto
VIII. Con Elevación al Cielo
IX. Cuerdas Musicales de Marfil
X. El Curador de Arte
XI. La Oreja de Van Gogh
XII. Sofía Virgen
XIII. Conquista
XIV. Un Sueño a Colores
XV. La Belleza de la Música
XVI. El Eco del Cielo
XVII. Confusión del Tiempo
XVIII. La Extravagancia de Saí
XIX. El Espejismo Artístico
XX. Carta a Julieta

Leonel & Joshi Villagomez

"Receta para alucinar"

50 onzas de tiempo
20 oz de regocijo
Una regla de 12 pies
Una Escuadra
Un Calibre
1 flor (fragancia y color opcional)
1 litro de alegría
1 vaso de agua
½ cucharada de sal marina
3 kilos de libertad
La melodía de Sansón y Dalila Op. 47
Una fotografía (la que te inspira de preferencia)
Un cucharon de energía (especialmente la que el sol proporciona)
Siete recuerdos (recomiendo los que te hacen reír psara conseguir oxígeno)
6 elementos de amor, para maximizar el sabor.
9 Hormigas
2 libélulas
Y 28 piojos

Arte I
La Vida

La vida es felicidad porque vivimos rodeados de arte. Estaciones mágicas, apreciaciones climáticas, amaneceres magníficos y anocheceres inolvidables. Somos habitantes de un lugar impresionante que da cobijo a creaturas surrealistas como la jirafa, el elefante, el canguro, el rinoceronte, el águila, el pavorreal, el narval, y otros más.

Estamos rodeados de increíbles montañas, aves coloridas que cantan, arboles viejos, ríos, lagos, cascadas hermosas, y todo, para la apreciación de nuestros ojos. Nuestros ojos son deleitados a diario con la belleza que nos rodea. Pero dentro de toda esta belleza, existe la diferencia en cómo, apreciamos el arte.

El arte, ha existido por siglos y ha sido un medio de expresión único e inconfundible. A pesar de la extravagancia en el estilo de algunos artistas, se puede observar meticulosamente, un mensaje difundido entre aquellos brochazos, aquellos pincelazos, y aquellas moldeadas esculturas.

A diferencia con otras formas de expresión, el arte es creada sin reglas y ordenanzas. Sin introducciones o abreviaciones. El arte, solo se expone. A través de ilustraciones, color, o forma para dejar la mente discernir el objetivo del artista a través de su obra.

A diferencia a un árbol de roble con más de cien años de vida o una montaña rocosa, el trabajo artístico se aprecia de manera distinta. A través de ojos color acuarela que siguen las líneas, la forma, la textura, el color, y el estilo. Esos ojos, a los que me refiero, que se difunden dentro del nivel del arte para apreciar la delicadeza de la obra.

Apreciar el arte no es sencillo, ya que conlleva una serie de discernimientos y apreciaciones. Para distinguir un artista de otro, ese necesario ampliar el conocimiento en el arte y ver a través de esos ojos magníficos la definición y el mensaje en trabajo artístico.

LA VIDA es felicidad. Pero, hay que aprender a apreciarla con la retina de vuestros ojos. Amplificar la apreciación del orden de la vida, a través de esas líneas que marcan una división entre cada cielo. Mira a tu alrededor por un segundo. Y mira como las líneas se trazan a través de esas cuadradas paredes, esas sillas y mesas verticales, la televisión de la plasma, la separación del suelo del concreto con la tierra, la división uniforme que hace el árbol al obstruir la visión, la línea en el horizonte que se hace con la división de las montañas y las nubes detrás de ellas, la línea en el horizonte que se hace en la playa con el agua del mar y el cielo por encima, y la división simétrica del rostro de madre, de tu padre, de ti mismo.

De la misma forma en la que nuestros cuerpos se acostumbran al timbre de voz, la lengua, la cultura, y la comida, de la misma manera los ojos cursan su apreciación sobre una balsa en la inmensidad del océano para atribuir gratificación a las cosas. Al apreciar la vida, porque la vida es hermosa.

Arte II
El Comienzo

El comienzo de toda arte se empieza con lo que se desea expresar. Ya seas diseñador, escultor, arquitecto, barista, pintor, u otra actividad laboral que empeñe un poco desenvolviendo artístico.

Con base a este deseo, el artista, o el autor del mensaje expresivo, busca el médium en el cual se va expresar un poco de lo que tiene en mente.

El diseñador de moda busca la textura de la tela que combina la extravagancia del diseño y la estación del año en la que se espera compartir esta obra.

El escultor busca combina el valor de la obra, con el peso, la duración, y la exposición climática en la que esta obra será expuesta.

El arquitecto, traza las líneas junto con los cálculos para dar vida al edificio o edificación que formara parte de acogedor y quizá extravagante refugio.

Un barista amplía sus sentimientos, emociones, y tiempo para dibujar un corazón u otra imagen sobre el café.

Y el pintor, lleva consigo la expresión e imaginación sobres esos trazos lineares, irregulares, geométricos, o uniformes. Para dar vida, color, a algo realístico, o imaginario.

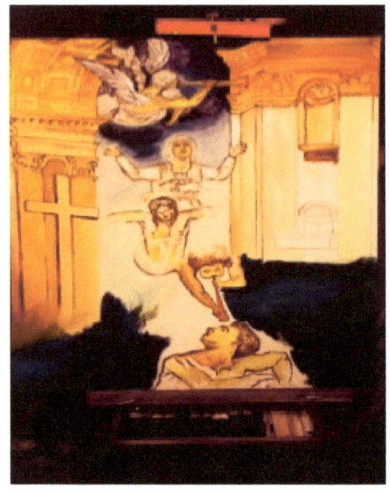

En cualquiera de los casos, la expresión se lleva a cabo con el deseo de expresar el conocimiento y la idea. La práctica del arte se aplica a la mayor parte de los empleos, siempre y cuando lo consideres un arte.

En la siguiente pintura titulada **"El Comienzo,"** se pueden apreciar los líneas horizontales y verticales. El toque religioso y divino que se observa en la parte superior del arte se expone entre dos columnas arquitectónicas de estilo romano, y bajo a influenciar con el sonido de una trompeta, un ángel, sobre la frente del ser humano.

En esta pintura, sin un conclusivo final, se descubre la conexión del artista con el estilo romano, religioso, y espiritual. Y a su vez, el mensaje se puede interpretar como una conexión de Dios a través del sonido. Claro está, esa es la interpretación ambigua que os doy. Ya que cualquier obra de arte está abierta a propia interpretación a través de esos ojos color acuarela.

Arte III
La Ventana Dulce

Para poder apreciar el arte, primero debemos conocer los métodos utilizados. El trabajo para conllevar la idea, y el tiempo que se pudo haber tomado para lograrlo. Al tener un poco de conocimiento de los métodos utilizados, o tener una cercana noción, ayuda al espectador a apreciar la obra de arte de manera significativa.

El valor de la siguiente pintura se eleva, ya que ha pasado a formar parte una firma del autor. Sin valor preciso en el momento, esta pintura podría pasar a valer miles, sino millones, al haber pasado a formar parte del sello artístico del artista en otras de sus obras (Más adelante, explicare con detalle).

El arte, como ha sido mencionado anteriormente, es una expresión totalitariamente en forma y pensamiento. El trabajo observado en esta pieza de arte tiene una distinción surrealista y a la vez verdadera al conocer el comienzo de la obra.

El fruto del Pyrus, o un peral, es el fragmento central de esta obra de arte. Observemos como la división realista, con un poco de empeño y trabajo, pasa a formar parte de un mensaje surrealista. Entonando no solo los sentimientos del autor de la obra, pero también los de espectador. ¿Qué es lo que tu vez?

Ojos Color Acuarela

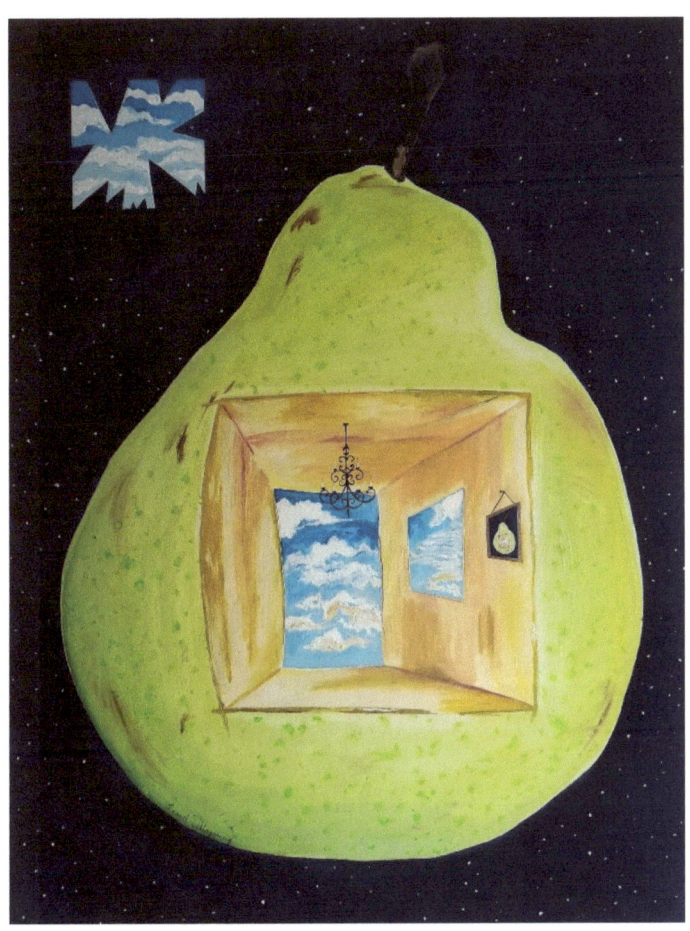

La obra, a como se puede apreciar tiene el efecto verdadero dentro lo imaginario. Con un contraste de colores relativos a la naturaleza y cautivantes para la imaginación. Dentro de la simplicidad, existe un elixir que penetra las sensaciones naturales del espectador, ya que abre su mente a la relativo y lo distinto.

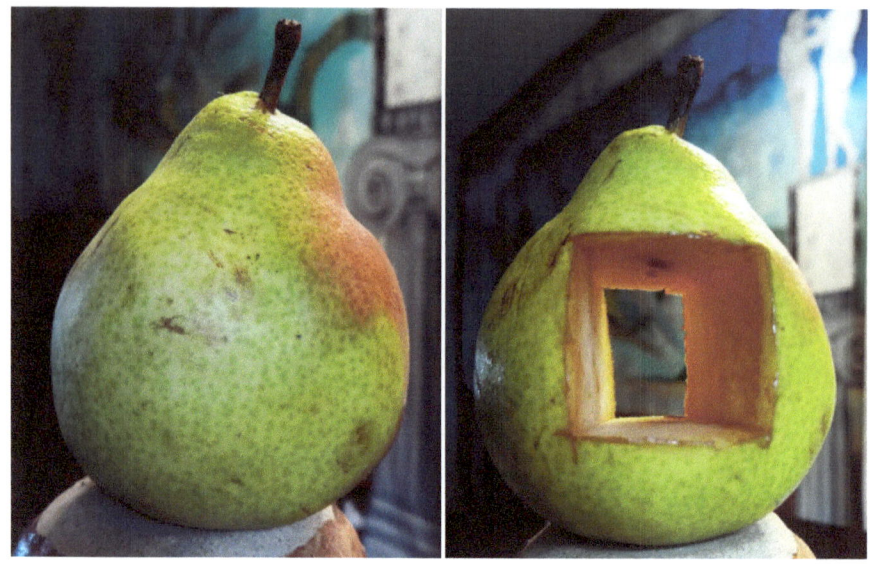

Arte IV
Amistad Entre la Jirafa y la Rosa

Y más allá de la descripción realista de las creaciones, existe el surrealismo dentro de la vida. El tema divido dentro lo realístico y la imaginación, abre puertas a mundo extraño y paralelo. Donde la propia realidad no necesita exaltación colectiva, ya que su propia naturaleza hace brillar vuestros ojos de manera enigmática. Y hace inclinar nuestros ojos a lo que parece ser magnificó. Mira, por ejemplo, el cuello de una jirafa.

Y con ampliación personal, el artista toma de nuevo la creación extravagante de la vida y la expande al abrir puertas y ventanas sobre la jirafa. A como puedes ver, sobre la pintura anterior, esta pintura conlleva un nivel mayor en representación sobre la tierra y no arriba en el universo.

¿Acaso la jirafa piensa comerse la rosa? Por supuesto que no. Esa no es la intención. En esta pintura, puedes observar que la jirafa ha recorrido un camino largo solo para conversar con su amiga la rosa. Algo inimaginablemente subliminal ya que la verdadera amistad, se presenta de forma surreal, detallada, y con intimidad.

Con retoma de la pintura anterior, conocimos el proceso de **"La Ventana Dulce"** ahora, seria curioso, agradable, inimaginable pensar que el autor, probablemente, haya utilizado una jirafa para pintar esa obra. ¿Pudiese ser? ¿A caso el artista tiene una jirafa como mascota? Preguntas como estas amplían el interés y el valor del arte. Y edifican el conocimiento como conocedor de arte.

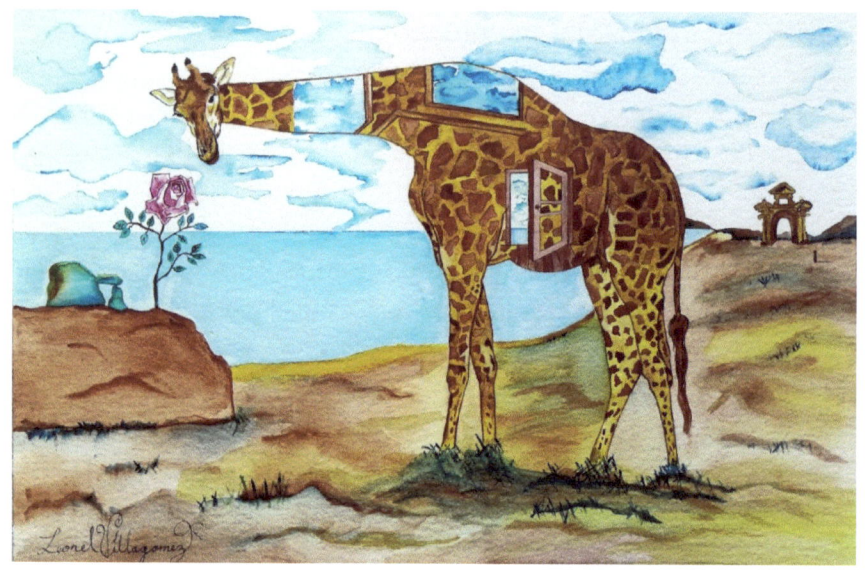

Arte V
La Musa

En esta obra de arte de aceite, podemos observas la combinación excesiva de ciertos rasgos físicos que diferencian a las personas. La exageración, nuevamente, de la belleza, no se hace con un estilo realístico o fotográfico, pero con un estilo surrealista e imaginario donde el cabello de una mujer tiende a ser una parte esencial de su persona. Sin enfocarnos en el tamaño o el estilo personal, esta pintura exagera este rasgo, porque después de todo, cada personalidad se identifica con estilo personal.

Observa la combinación de su cabello con los ojos, y como amplían este rasgo a nivel distintivo de arte.

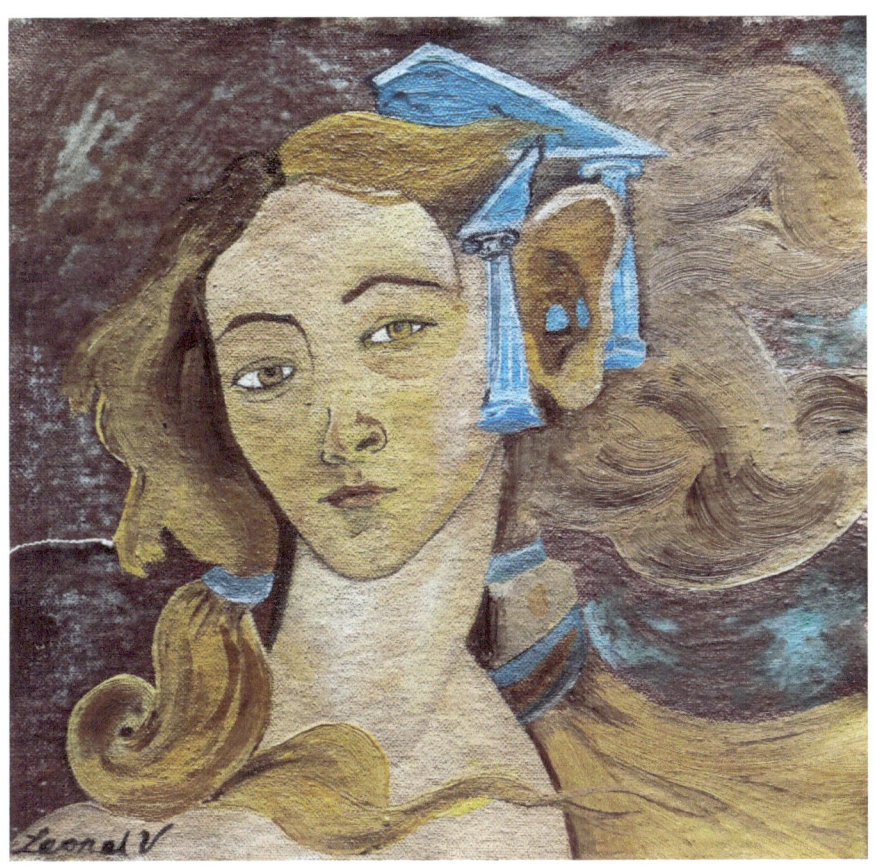

A lo largo de la historia, hemos sido testigos del valor que tiene la mujer sobre la belleza. El arte y la belleza. La mujer y el arte. Un toque en cual se intercambian los colores, actitudes, rasgos identificativos, y la personalidad. La imponencia de la belleza en el arte está en sus colores, su mensaje, los mecanismos de su creación, y su destino.

Arte VI

Leonel & Joshi Villagomez

El Arpa de Cabello Dorado

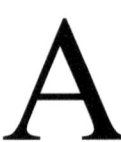quí vemos nuevamente, una apreciación del arte, la belleza, y rasgos personales que son valiosos para el reconocimiento personal. Nuevamente, vemos una conexión entre lo real y lo surreal. ¿Por qué?

Mientras para los ojos de muchos esto simboliza un instrumento musical, y cuyo título es precisamente eso, para muchos otros esta obra de arte puede ser la gentileza superficial con la que se acaricia el cabello de alguien amado. Aquí vemos como los elementos de atracción toman posesión con la acción presentada. El amor y el cuidado que se le da esa persona especial.

Y es así, como los ojos color acuarela se ponen en práctica, para mirar detalladamente el contorno de las cosas y mirarlas de manera distinta. La realidad es la misma. Y la apreciación del surrealismo depende de ti.

Ojos Color Acuarela

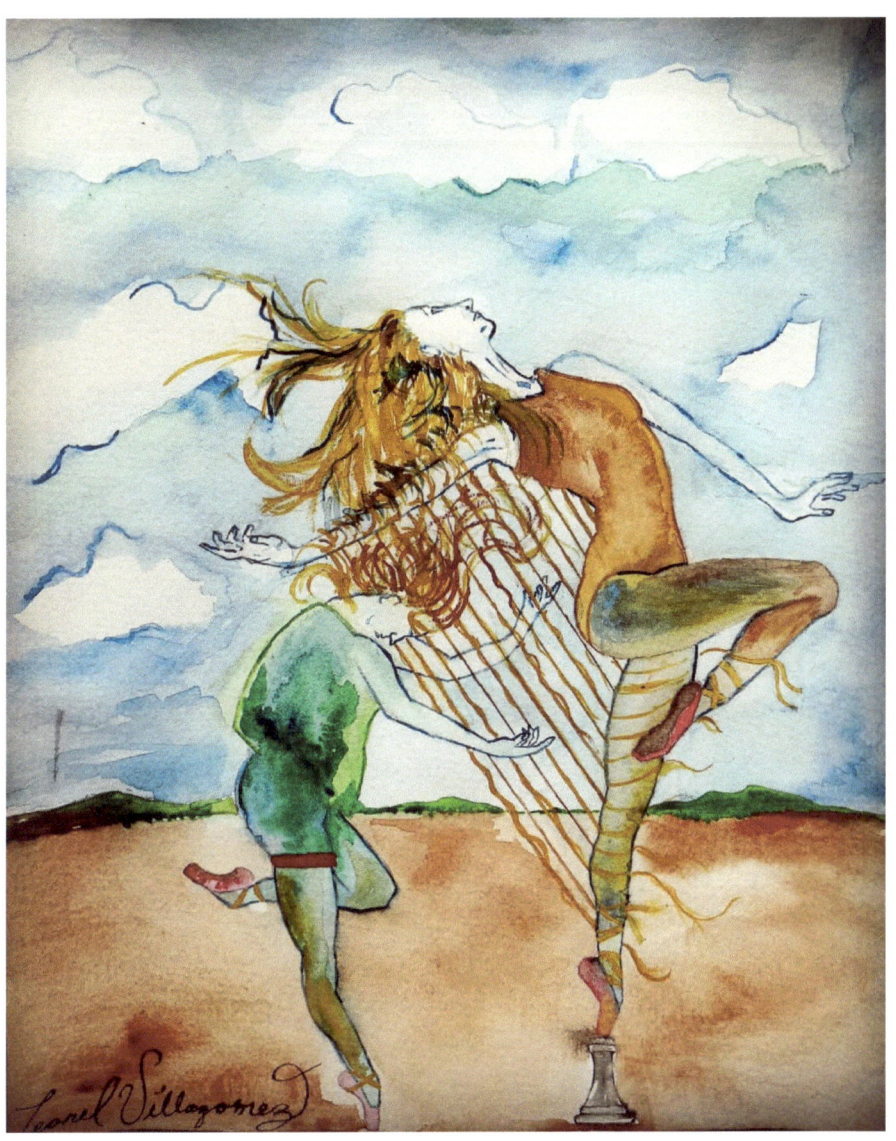

Arte VII
Don Roberto

L a divinidad de las cosas, la apreciación del arte, el interés de la vida, la distinción de lo necesario con lo secundario, la mentalidad personalidad, y el propósito de la vida son influenciados por los sabios. Por los que han vivido más años y han aprendido a través de los años.

Mientras el conocimiento racional difícilmente dura más de ochenta años, las enseñanzas de los papas, abuelos y antepasados, perdura para sobrevivir dentro de las nuevas generaciones.

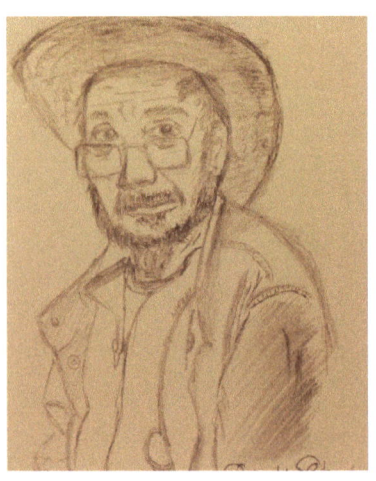

En este portarretrato observa como la postura gentil de los años, observa fijamente al presente. La ligera inclinación de su espalda, muestra el cansancio de los años, y sin embardo, mantiene el mismo brillo en los ojos.

Y es así, como ciertos detalles, no presentados fotográficamente, amplían el mensaje de la obra de arte.

Arte VIII
Con Elevación al Cielo

Ciertos proyectos artísticos toman más imaginación que otros. A comparación de un portarretrato, o la explosión especifica de elementos, la imaginación del artista es presentada en sus obras. El valor de la imaginación en el arte corresponde a su originalidad, la apreciación del detalle, el simbolismo, el mensaje, y lo que representa en el tiempo. Sin tomar en cuenta que el arte es valiosa ya que se genera individualmente y en masa, la imaginación que toma hacer la pieza hace elevar el valor de la obra.

En las siguientes imágenes observa como el artista emplea una serie de pasos para generar la idea. La complejidad de la obra se centra en pasos generados desde la planificación de la idea hasta la concretización de la pieza. Empleando modificaciones matemáticas, y conceptos imaginarios.

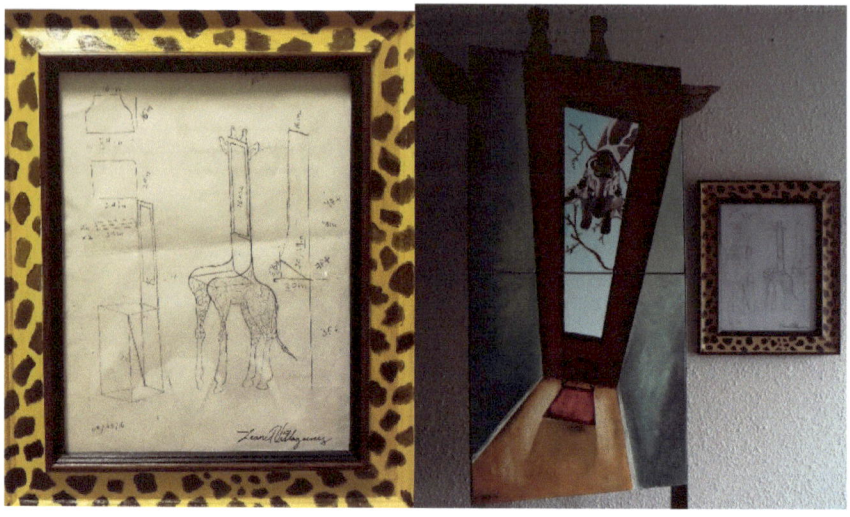

El valor del arte y su apreciación se mide con la combinación de los elementos existentes y la creatividad para emplear la obra. Esto quiere decir, que una silla, cuyo uso es sólidamente determinado, pasa a ser un símbolo de atención artístico.

La imaginación es necesaria para observar el trabajo del autor. Y en este caso, no me refiero a la imaginación utilizada para crear la obra de arte, sino la imaginación propia que hace elevar el pensamiento para darse una idea de cómo es que la obra de arte fue creada. Aprecia la obra completa en la siguiente página utilizando esos, sus ojos, color acuarela.

Ojos Color Acuarela

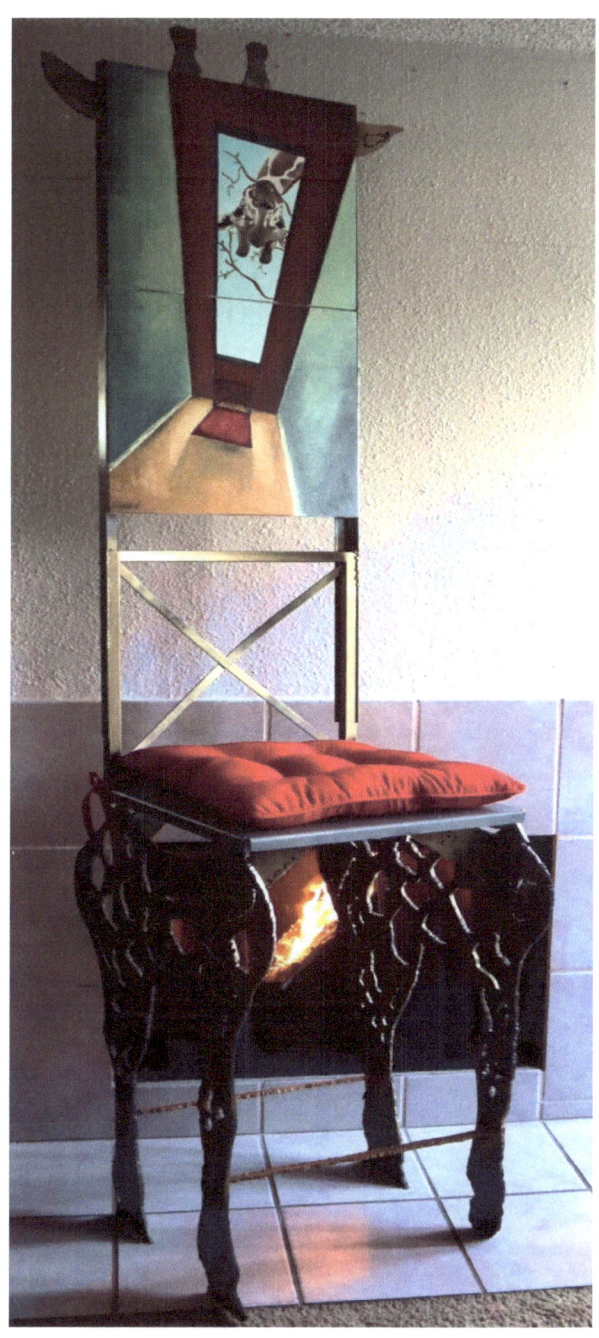

Arte IX
Cuerdas Musicales de Marfil

El estilo del artista es generado a través de varias piezas creadas. La formación diatónica, dentro del tema del arte, es un proceso largo y perseverante. La disciplina y constante integración de la experiencia con la imaginación puede ser observada con relevancia como gotas de apropiación en obras artísticas del autor.

Un artista no se hace de un día para otro. Requiere practica y consistencia para generar el estilo y la imaginación necesaria para crear una obra diferente a las demás.

De igual manera, para todo conocedor de arte, el conocimiento y la apreciación al arte nace de ese interés pedagógico a la creación artística. Los elementos utilizados y metodología, como lo he mencionado anteriormente, dependen para reconocer el valor majestuoso del arte. Sin ello, es difícil entender o imaginar los pasos que pudieron haber sido tomados.

Ojos Color Acuarela

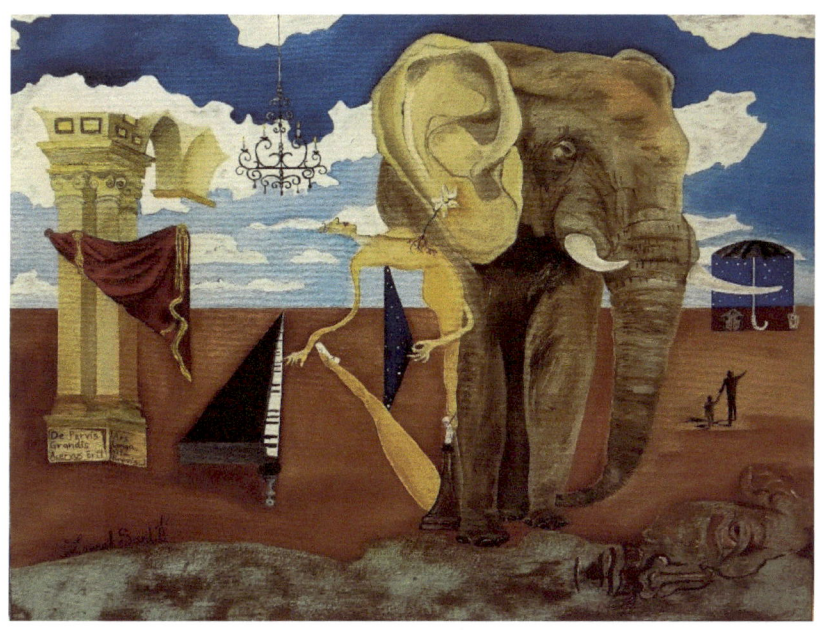

"Quiero drogarme de consciencia ver cada color y detalle. Respirar profundo, ser genio de la memoria escuchar cada gota de agua en medio de la lluvia sentir la frescura del viento y sentir el latir de los árboles ya me cansé de vivir dormido.

Mi consciencia te la entrego porque fue tuya y será siempre tuya. Cuando me enojo pierdo la oportunidad de aprender así que siempre estaré feliz, pero tiene que ser dé loco, porque quiero estar loco emocionado y viajar a los rincones de la tierra y explorar, pero más que eso a otra dimensión sin tener que moverme de tiempo.
Puedo tener alas como los ángeles, el secreto es la imaginación, nunca dejare de reír que triste que la universidad nunca me enseñó a ser emocionante es como la

"Magia" del ser un genio. Casi estoy seguro que Beethoven converso con los cielos y la tierra para crear la 9th sinfonía porque a la hora de su agonía le aplaudieron.

*Y a la hora de mi agonía quiero que los ángeles me tomen de los brazos y que las jirafas me hablen y los elefantes vuelen y que las hormigas me acompañen y que san pedro me abra las puertas sin tener que buscar mi nombre. Amen"-**Leonel***

Arte X
El Curador de Arte

Al igual que la obra anterior, y después empezar a reconocer el estilo del artista, la siguiente pintura mantiene el mismo estilo. A diferencia de las otras obras que llevan su firma, esta obra de arte tiene un rasgo especifico del autor, ¿Qué es?

Antes de saber la respuesta, te invito a observar la pintura por un minuto y me digas que es. Observamos dentro de esta pintura, la moldura de los elementos que han creado estilo. Un estilo distintivo y peculiar acerca del autor. La parte central de esta pintura, es una escultura titulada **"El Eco del Cielo"** que se encuentra más adelanté de este libro. En él, escritores como Edgar Allan Poe y Gabriel García Márquez, se difunden dentro del pensamiento de la mente. Dando a entender el valor significativo del aprendizaje-base para sobrellevar el propio estilo y creatividad.

Pero el rasgo especifico al que me refiero es la obra de arte titulada **"La Ventana Dulce."** Nota que la replicación diminuta sobre una nueva idea viene siendo un símbolo significativo que corresponde a un toque, nuevamente majestuoso, personal del artista. Suponiendo que el artista crea 100 nuevas ideas y en todas ellas replica de manera similar "La Venta Dulce," ¿cuál vendría siendo el valor de la obra original?

El valor del arte, como he explicado antes, depende de varios factores. Pero uno de ellos, y el más importante, es la esencia del artista en sus obras.

El estilo de Pablo Picasso se diferencia con el del Vincent Van Gogh y sucesivamente. Es por eso, que el estilo y lo que representa el artista, se puede percibir en las numerosas obras de arte (a pesar de que sean diferentes). Y de la misma manera, el valor del arte se integra con ese valor de la historia.

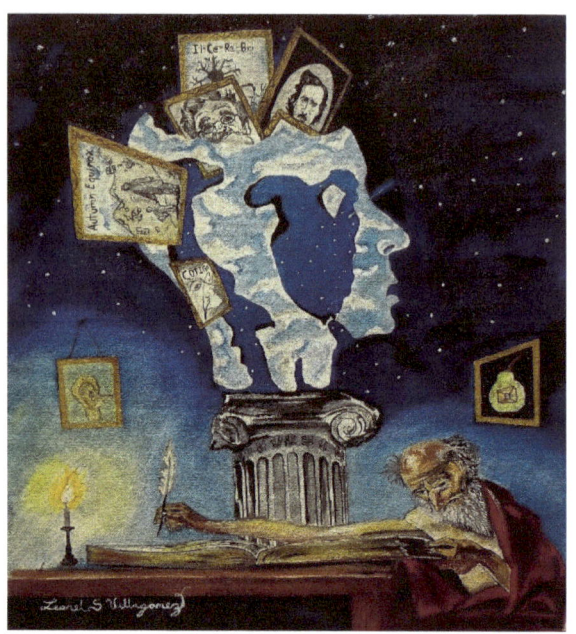

Arte XI
La Oreja de Van Gogh

P ara aprender apreciar el arte es necesario conocer del arte. Es decir, debemos informarnos sobre quien fue el autor de la obra y en qué año fue creada. Esta información es fundamental para reconocer artistas contemporáneos u obras de arte que han existido por décadas.

La historia del arte amplia la apreciación de esas obras expuestas ante ti. Y eso es, porque si eres conocedor de Vincent Van Gogh, tu reacción sobre la siguiente pintura sería más íntima.

Ojos Color Acuarela

La siguiente pintura es un portarretrato del pintor neerlandés nacido en 1853. En ella, se muestran las facciones generales de artista neerlandés con el toque personificado del artista Leonel Villagomez. La obra es completamente de su inspiración y conexión a artistas como Van Gogh.

La diferencia es clara, ya que el estilo propio de Van Gogh no es reflejado en esta obra de arte. Al no exponer los pincelazos que han caracterizado al artista neerlandés como prodigioso del arte. Aun así, este portarretrato es elevado con una serie de técnicas y estilos propios del autor y observados a través de las pinturas en este libro. Al igual que la obra **"Cuerdas Musicales de Marfil,"** en esta obra se puede apreciar una persona en pie a lo lejos, dando la impresión que el portarretrato es una escultura y no una pintura.

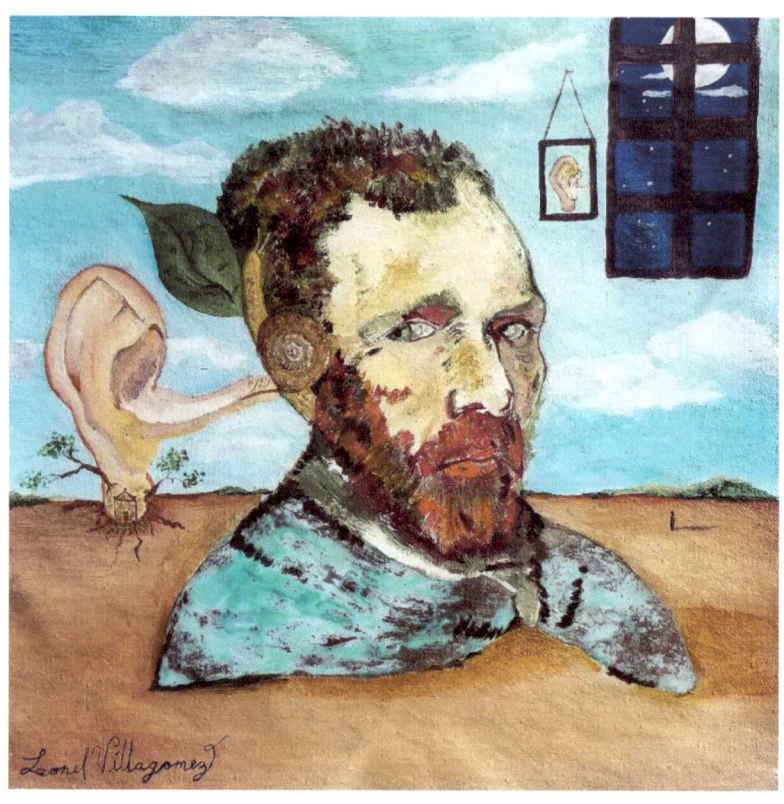

Cuando el juego de la realidad y la ilusión hacen conexión con lo personal, una pintura pasa de ser informativa a ser subjetiva. Las emociones envueltas en la apreciación del arte son importantes, ya que, dentro el suspiro emotivo existe un brote de reconocimiento personal sobre el arte. Es decir, a pesar de cualquier descripción dada de lo significa, el espectador del arte puede generar su propia interpretación.

Arte XII
Sofía Virgen

Las emociones son necesarias para maximizar la fusión entre los ojos y la pieza de arte. Y esto se debe a que cada individuo puede apreciar el arte de manera distinta. El conocimiento, experiencias, y las emociones abren el discernimiento del arte a otro nivel. Mientras para una persona un corazón dibujado sobre una hoja significa amor, para otra persona el mismo dibujo se puede significar desolación.

Esta intrincación de los sentimientos y emociones llevan al espectador del arte a lograr una conexión más amena y cercana con la obra de arte; al dibujar sobre sus ojos de blanco y negro, un colorido paisaje sobre el significado de la pieza. Es decir, que la mente del espectador puede apreciar la obra de arte a nivel personal.

En la siguiente pieza, se puede observar la sensualidad de los pinceles mezclados con la atracción de los colores. El frio del rio que dibuja el viento, del cual usted respira, es una combinación de locura y realidad. Al igual que estas recitadas palabras. Una combinación de efectos naturales y ficticios danzando entre lo que podría ser, lo que es, y lo se avecina.

La locura y sensualidad de esta pieza es un ejemplo claro de cómo las emociones pueden jugar un papel importante a la hora de saborear el arte. Los colores frágiles y la idea del autor se amplifican con el conocimiento y las emociones del espectador. Dándole así un valor inconfundible de personalismo entre la persona y la obra de arte.

Y es así, como la combinación de los elementos aprendidos hasta este punto empiezan a darle vida a esos ojos color acuarela. No hay que tener una maestría en arte, o muchos millones en la cuenta para aprender a saborear el arte. El conocimiento se va forjando a través de la pupila del individuo y su propia forma de apreciar el arte.

"A lo largo de mi expresión artística. Junto con la literatura de muchos escritores que me han inspirado y que han sido protagonistas de su propio genio creativo, me he dado cuenta de que mi talento artístico podría estar involucrado como "locura artística" y se puede ver cómo ha cambiado mi técnica.

El tema de mi pintura está en constante evolución. Platón, que distinguió entre la locura clínica y la locura creativa, agrega: "la vista de un cuerpo hermoso, despierta el deseo ardiente de la belleza divina y es cuando las personas inspiradas son llevadas a un estado de locura divina". De esta teoría continuará el vínculo constante que unirá al artista con la "locura" entendida de cierta manera como un mecanismo necesario para la creación artística. Del mismo modo, es inevitable para mí tener dos mundos diferentes. Lo real y lo imaginario.

El mundo real me brinda todos los recursos para poder subsistir, y el mundo imaginario cada día abre nuevas puertas donde me da la oportunidad de explorar mi imaginación. y satisfacer mi apetito artístico

A lo largo de la historia del arte podemos observar a través de la arquitectura, la escultura y la pintura y, por supuesto, la literatura, como el artista necesita manifestarse a través de su genio. Y podemos encontrar una infinidad de obras increíbles para imaginar.

Como, por ejemplo: mi obra más reciente "Sofía Virgen" está inspirada por el escritor mexicano Jaime Sabines por su poema "Tía Chofi" cuando escuche por primera vez esta hermosa letra me conmovió y lo único que se me vino a la mente fue una mujer de flor iluminada desde sus primeros días hasta la última hora de su muerte sin quebrar su piel de virgen.

Mi deseo de crear este trabajo fue inconscientemente porque Jaime Sabines lo recitó y con sus propias palabras dijo: "Siempre fuiste lo mismo fácil, como las flores del campo", esto me impulsó a imaginar un cuadro con un enorme girasol. que representa la belleza que llevaba en su rostro y el cuerpo desnudo que representa su cuerpo virgen." **–Leonel**

Leonel & Joshi Villagomez

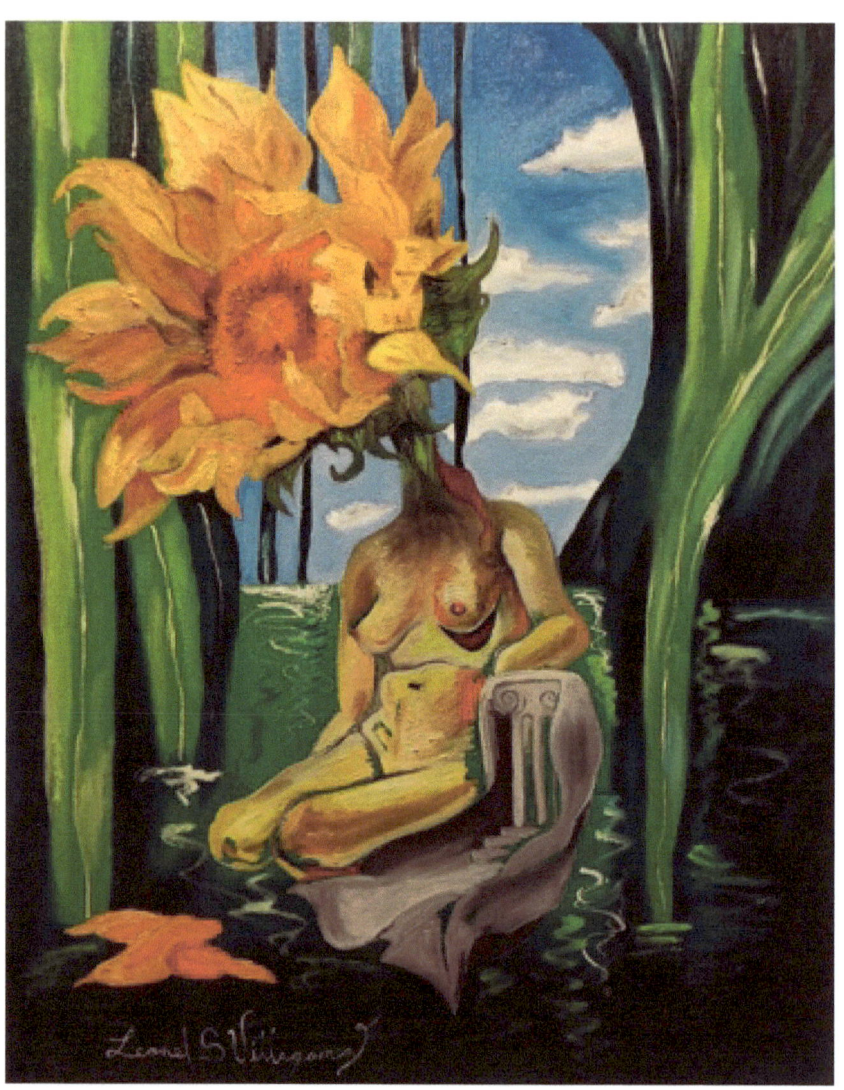

Arte XIII
Conquista

Al aplicar la técnica de la apreciación del arte de la cual se ha mencionado a lo largo de este libro, la conquista entre el arte y uno mismo nace. Es una conquista a la cual se le requiere determinación, dedicación, y afecto. Al igual que otras cosas ordinarias dentro del campo habitual, en la apreciación del arte se requiere un poco de pasión. - ¡Pero yo no soy artista! Uno puede decir. Pero el arte ha existido a nuestro alrededor desde el día de nuestro nacimiento y seguirá hasta después de nuestra partida.

Recuerda que el arte existe en lo arboles, en las raíces, en las plantas, en los animales, en las aves, el viento y todo lo que se consideré vital para nuestra existencia y felicidad. Inconscientemente nos separamos del arte, cuando relativamente dependemos de ella a diario.

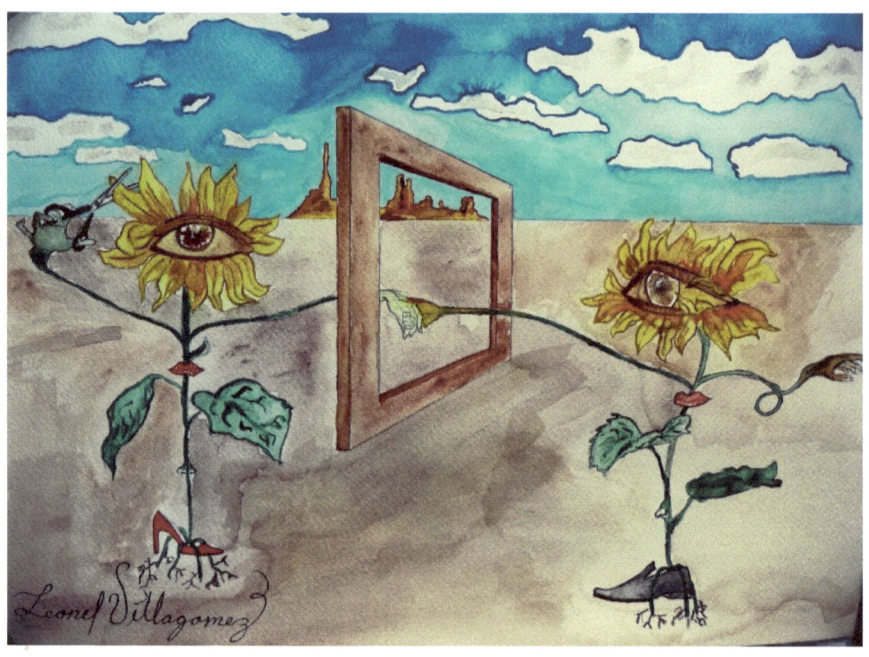

La conquista entre uno mismo y el arte, va más allá del sentimentalismo, el racionalismo, el espiritualismo, el darwinismo, y otra explicación re-creada por uno mismo, ya que vivimos dentro del arte. Solo para por un segundo y piensa en lo que te gusta, y lo que has hecho en los últimos años para endulzar tu realidad.

Sin entrar con más detalle en cómo es que el arte nos rodea, aprender a apreciar el arte comienza con uno mismo. Al ponerse la zapatilla roja, al usar los zapatos negros, o al interpretar una conexión magnifica con alguien que alguna vez fue un desconocido.

Arte XIV
Un Sueño a Colores

La realidad y la mentira se vive con propósito. Si haz de mentirte a ti mismo solo para sonreír, entonces hazlo. La locura personal se difunde con la apreciación a nuestro alrededor. Y la mentira se debería retomarse no para engañar, sino para hacer feliz a alguien.

La verdad y la mentira en una obra de arte dependen de la composición de elementos realísticos e imaginarios. Una ballena verde, por ejemplo, parecerá una mentira o un engaño dentro lo conocido. Sin embargo amplía la imaginación del espectador hasta el punto de hacerlo pensar o sonreír. Rasgos específicos como estos, acreditan un toque y estilo personal del artista, al ver un cambio distorsionado sobre la verdad.

La vida es así. Y es por eso, que la vida es arte. No todo es verdad, y no todo es mentira. Se vive con felicidad en un tiempo, y se sonríe con mentira al otro. La apreciación del arte depende de cómo es observada, apreciada, y valorada. Los tonos enigmáticos que muestran el mensaje claro del artista, pueden estar siempre abiertos a interpretación, dándole la exuberancia necesaria, para que pasen a formar parte de ti.

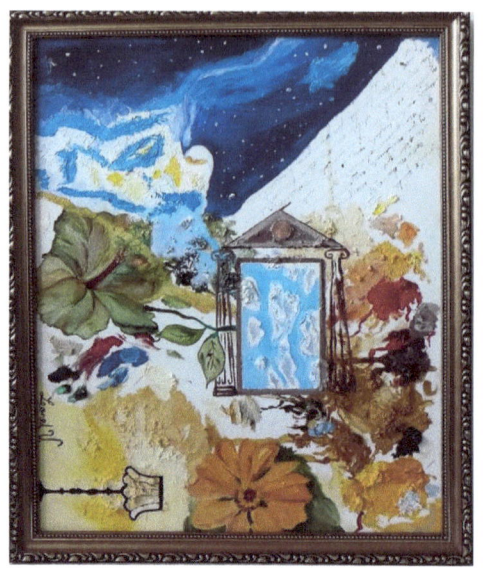

Arte XV
La Belleza de la Música

D entro las bellas artes, existe la música. Un elemento no insólito, para la mayor parte de los artistas, que buscan transferir la magia de la música a algo tangible. En la siguiente obra, se puede observar nuevamente, la conexión del artista con la música. Ya sea directa o indirectamente, los instrumentos juegan un papel importante en el estilo de este artista. Y se pueden observar a lo largo de sus obras.

A diferencia de **"El Arpa de Cabello Dorado,"** en esta obra se puede ver la personificación de una solo individua. La apreciación interpersonal tomando el ritmo diáfano para hacer alumbrar una ocasión ordinaria a algo personalizado. Nuevamente, dentro de esta obra de arte, tenemos un ejemplo en como una obra especifica de arte puede añadir un significado personal y emotivo.

Porque esos ojos color acuarela, no nacen sin la apreciación constate del arte a un nivel interpersonal, intelectual, y descriptivo. Y es al invocar, con tonos subliminales, el deseo profundo de apreciar el arte.

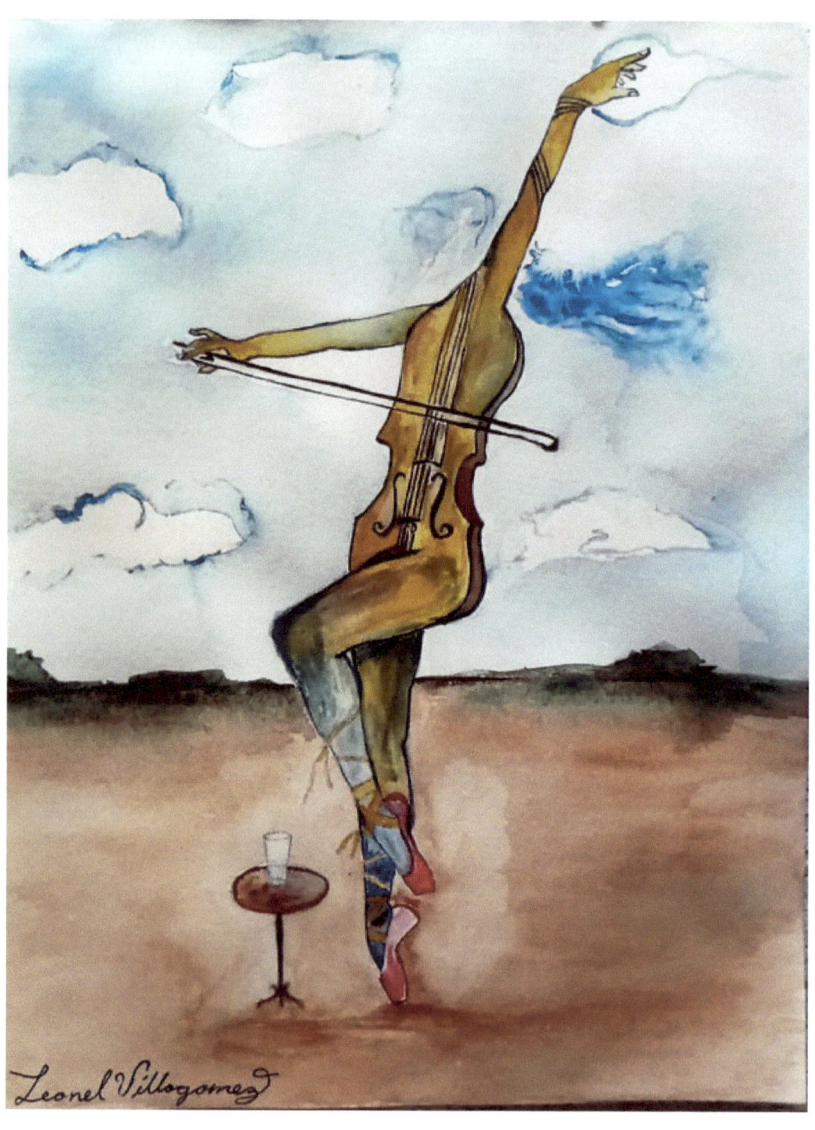

Arte XVI
El Eco del Cielo

El arte, como lo mencione al principio, existe en varias formas y estilos. Otro estilo expresivo del artista, es la escultura. La pieza mostrada a continuación tiene un valor simbólico y personal dentro otras de sus obras. En una pintura, anteriormente observada, puedes encontrar como esta escultura es parte central de la pintura, quizá no es el mensaje céntrico, pero aun así pasa a ser un valor transcendental.

Las siguientes obras esculpidas muestran de nuevo el estilo surrealista del artista. La personificación de sí mismo en el arte, puede percibirse en la extravagancia de la moldura de las esculturas y en el universo que se descubre en el interior de la pieza.

Detalles, como el universo pintado dentro de la cabeza agregan realidad surrealista. Donde una puede imaginar la conexión de la pieza con las millones y millones de neuronas en la mente humana. Nuevamente, esta es una pieza que expone la imaginación genuina del artista y provoca la imaginación propia del espectador.

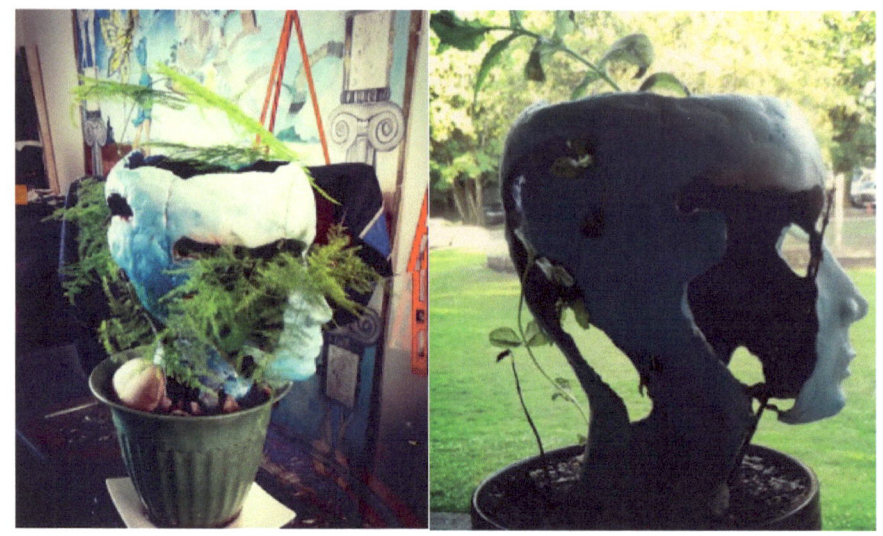

Arte XVII
Confusión del Tiempo

A diferencia de **"El Eco del Cielo,"** las siguientes esculturas **"Golden Roman Column," "Blending Cultures"** y **"El Mandato de Cesar,"** consecutivamente, no han sido pintadas en otros de sus obras. Aun así, se puede observar cómo se retoman los eventos o edificios históricos y los envuelve con un toque surrealista.

La separación de espacio y forma geométrica, amplían la imaginación del espectador para observar con detalle los rasgos genéricos de su estilo a un nivel tridimensional.

Ojos Color Acuarela

Vivimos dentro de las mentes de varios artistas. Al despertar cada mañana y ver un techo sobre nosotros. Al observar detalladamente los compuestos de tierra moldeada en nuestros hogares, y ver como estos son de gran utilidad. El molde forjado por la idea desnuda, es un toque artístico tridimensional. Tal como estas esculturas, que se bañan en firmeza y dureza para su propio sostenimiento.

El arte, a como lo vemos en estas esculturas, se transfiere de manera tangible. Y no por el hecho de que pueden ser tocadas, sino por la idea de que pueden ser sentidas. El arte se siente, y no solo con el rosar de nuestros dedos sobre esa textura moldeada.

La única confusión del tiempo, es no querer asimilar la realidad de un pasado. Al no querer valorar los cimientos fundados por grandes artistas que participaron en las creaciones de coliseos, mausoleos, iglesias, murallas, rascacielos y sociedades enteras.

"No hay historia sin pensadores, y no hay pensadores sin historia" –***Joshi***

Leonel & Joshi Villagomez

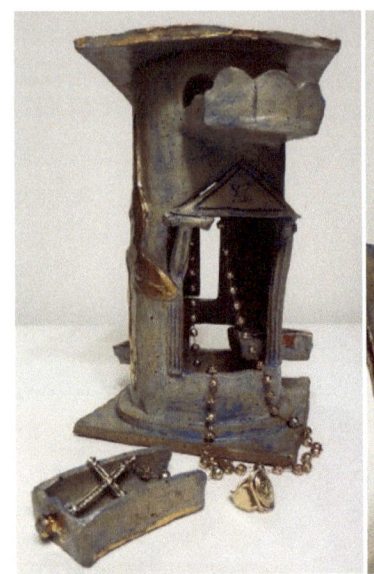
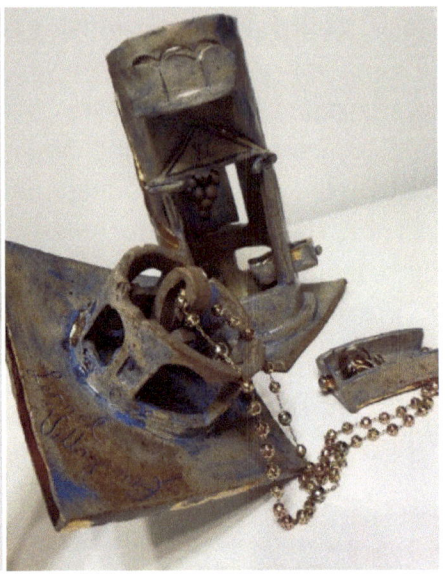
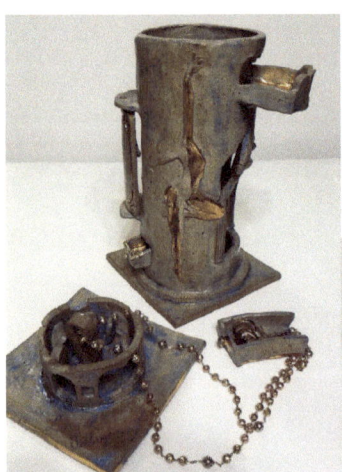
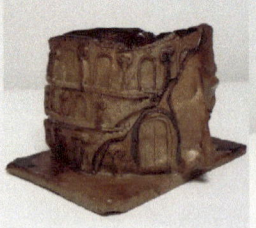
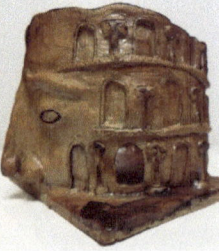

Ojos Color Acuarela

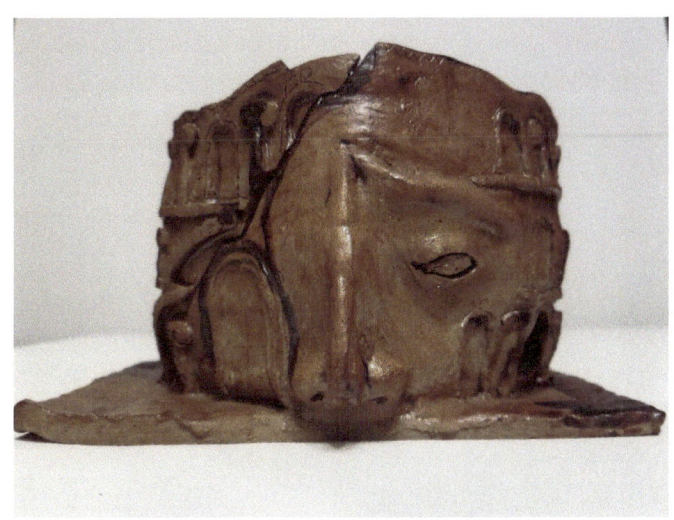

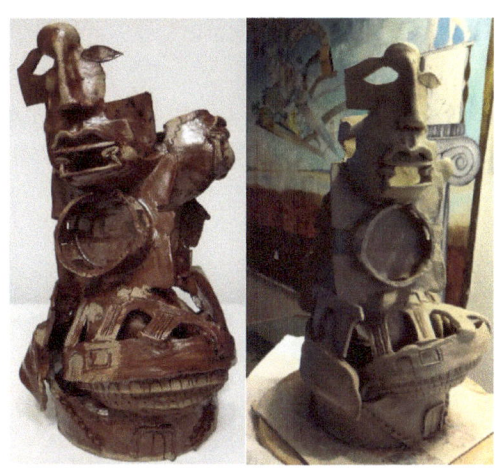

Al ser estas sus primeras piezas, el espectador del arte puede cuestionar si el trabajo difundo en el molde, son precisamente de su estilo, o desvían la idea central. Nuevamente, este es un trabajo interpersonal, donde el apreciador del arte puede conectarse de manera distinta y única a como lo hace otro individuo. Pero esa deidad a la apreciación artística difluye con los ojos color acuarela.

Arte XVIII
La Extravagancia de Saí

Salvador Dalí, un pintor influyente español nacido en 1904, ha sido una figura influyente para el artista. Sin embargo, la separación de estilos se encuentra en la imaginación y el contexto del mensaje.

El surrealismo no es un estilo exclusivo de Salvador Dalí, mas es un movimiento cultural surgido alrededor del año 1920. Publicado sin disímiles aportaciones, en octubre de 1924, el *Manifeste du surréalisme* de Yvan Goll y André Breton abrió las puertas a una nueva era de hacer arte. Con ello, la exploración de la imaginación y la apropiada forma de exponer lo irreal tomo tracción sobre la práctica de hacer arte.

Retrocedamos un paso y recordemos la obra "Un Sueño a Colores," ¿cuál es la conexión con la realidad? – el mensaje contextual – Los sueños generados durante el estado inconsciente de la mente, son ejemplo empírico de cómo la imaginación juega un papel fundamental en nuestras vidas. No solo la imaginación que existe dentro de la creatividad, pero esa imaginación llamada sueños.

Si los sueños son la realidad de una expresión artística de la vida, entonces, ¿No debería ser el surrealismo denominado irreal pero normativo?

Ojos Color Acuarela

Las aplicaciones lógicas y generativas caen sobre el bello enigma artístico para ser fundidas a pincelazos y a colores. Porque, el arte es vida y la vida es arte.

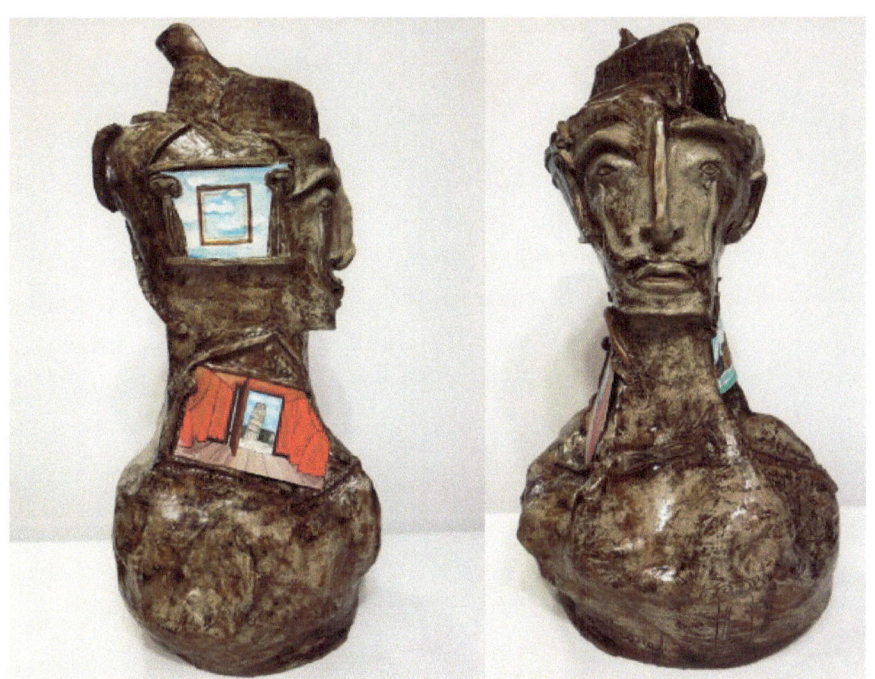

Leonel & Joshi Villagomez

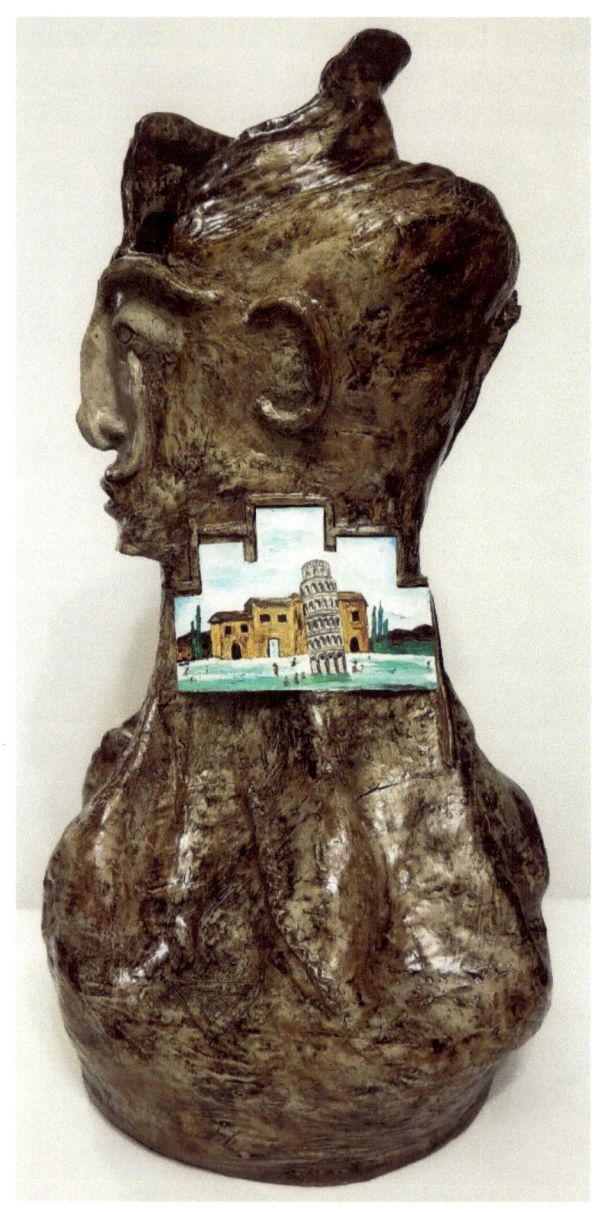

Ojos Color Acuarela

Ojos Color Acuarela por Leonel Villagómez & Joshi Villagómez Publicado Independientemente. Seattle WA, USA.

www.joshivillagomez.com

www.villagomezart.com

Derechos Reservados © 2019 Leonel Villagómez & Joshi Villagómez

Todos los derechos reservados. Ninguna parte de este libro puede ser reproducida en ninguna forma sin el permiso del editor o del autor, excepto como lo permite la ley de derechos de autor de los Estados Unidos. Replicas son propiedad intelectual de sus respectivos autores.

Para obtener los permisos, póngase en contacto con nosotros:

writervillagomez@gmail.com

Arte y Portada por Leonel Villagomez

ISBN: 9781795576239

Leonel & Joshi Villagomez

"Haciendo Del Arte Una Diferente Perspectiva"

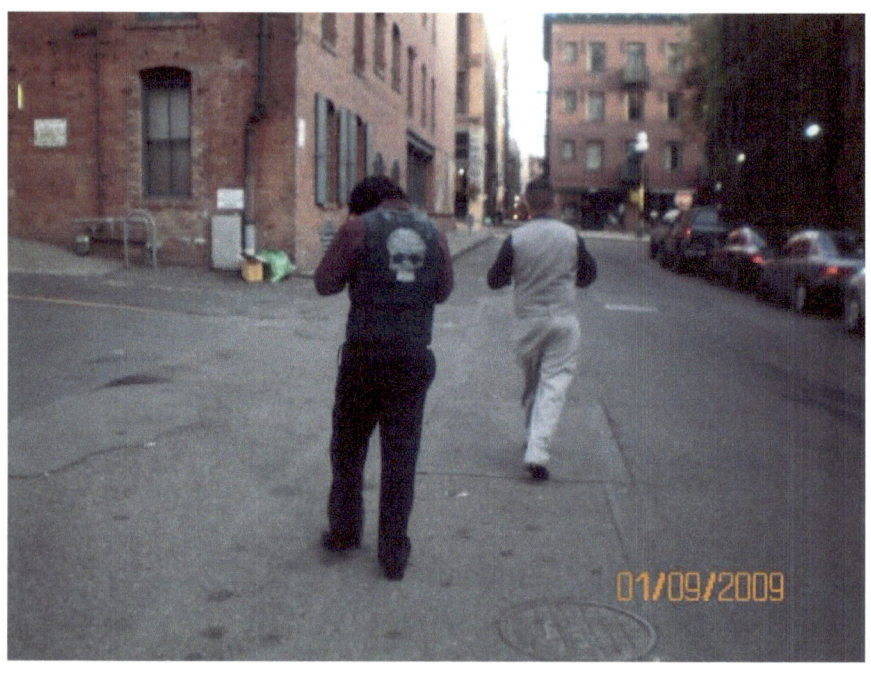

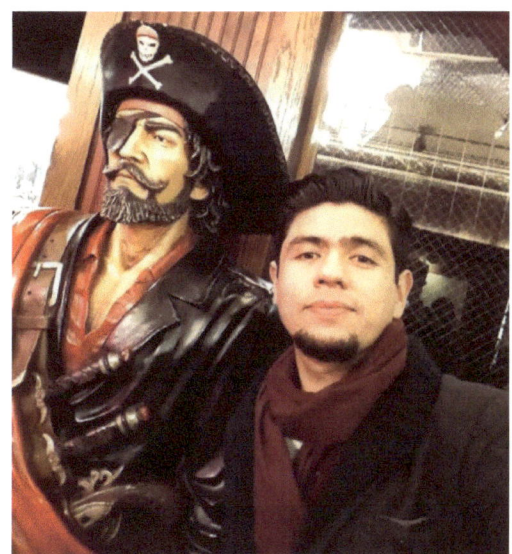

"Nunca sé qué es lo que voy a escribir a después, o a qué tipo o volumen debo tomar mi imaginación con las palabras. Pero, con descripciones y verbos, adoro dar vida a personajes, pensamientos y acciones."

Joshi Villagómez es un escritor de cuentos y poeta. Su educación y temas de interés incluyen análisis de datos, filosofía y neurociencia. La escritura contemporánea de Joshi trae temas, anécdotas y/o incidentes de la vida transformándolos en una alegoría vivo-narrativa. Aunque comenzó a escribir sólo poesía, su interés por la escritura ha seguido creciendo. Visite su sitio web para saber más sobre él.

Biografías

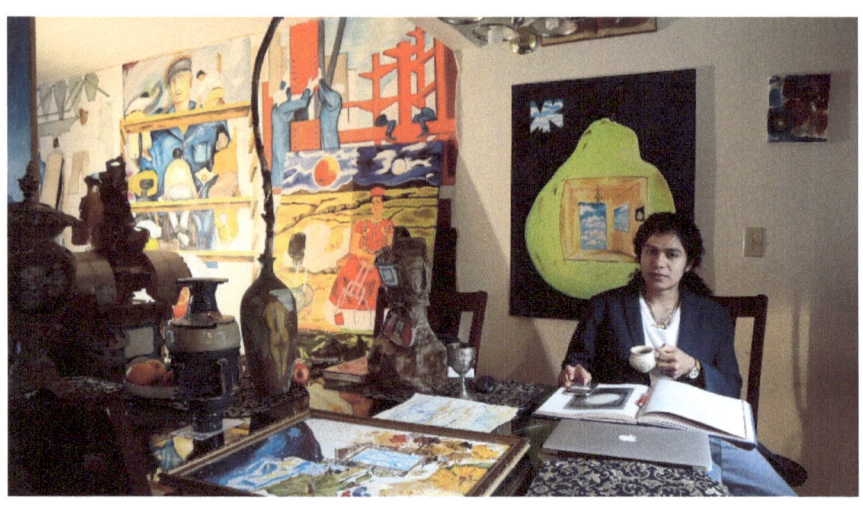

Leonel Villagómez es un artista apasionado por diferentes técnicas y expresiones artísticas como el Muralismo, el Surrealismo, el expresionismo utilizado por grandes artistas. Desde temprana edad mostró interés en el Arte Sacro, y también en la gran arquitectura barroca y neoclásica de la bella y ecléctica ciudad de Morelia, donde creció. Visite su sitio web para saber más sobre él.

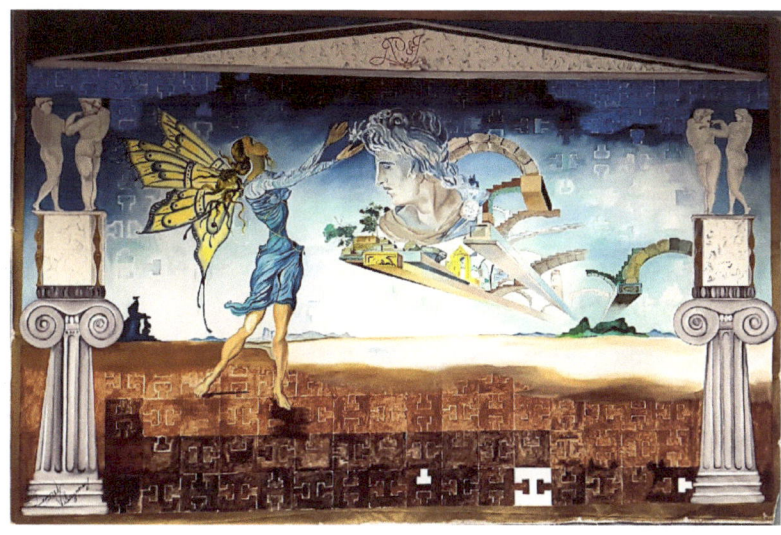

"Esta pintura está inspirada en Salvador Dalí y, por supuesto, con la compañía de los ángeles de la Capilla Sixtina de Miguel Ángel con un pequeño detalle de la arquitectura romana. También agregué las "Alas del amor", como pueden ver, esta pintura no está completa debido a las piezas faltantes del rompecabezas." -**Leonel**

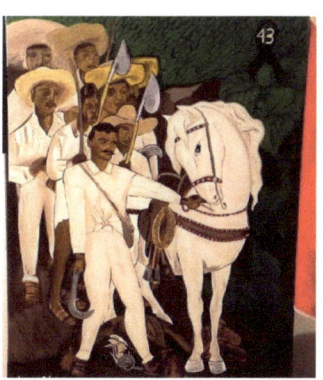
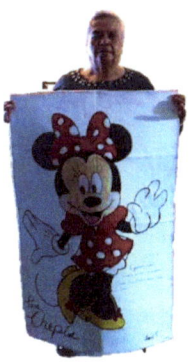

Réplicas

Ya sea por órdenes especiales o para participar en eventos comunitarios, estas son algunas de las obras recreadas por Leonel.

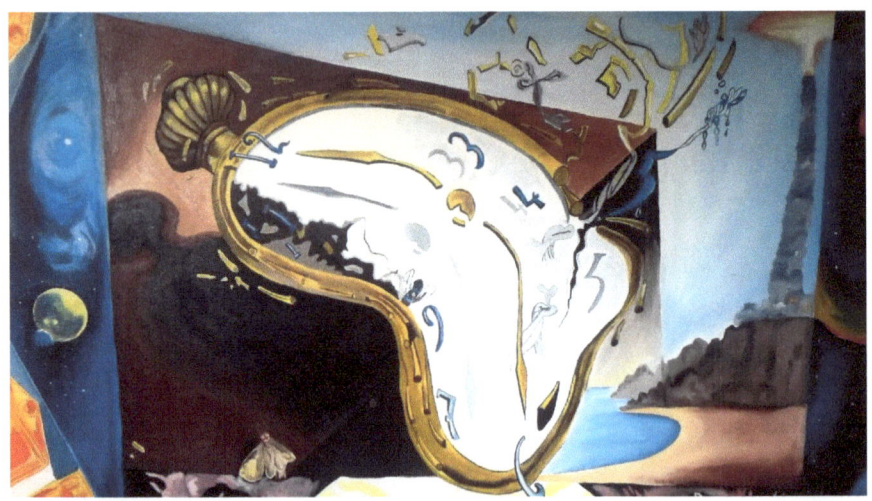

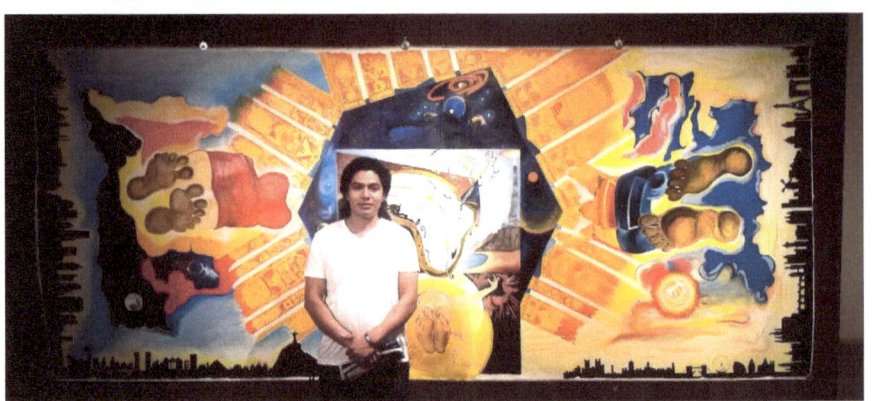

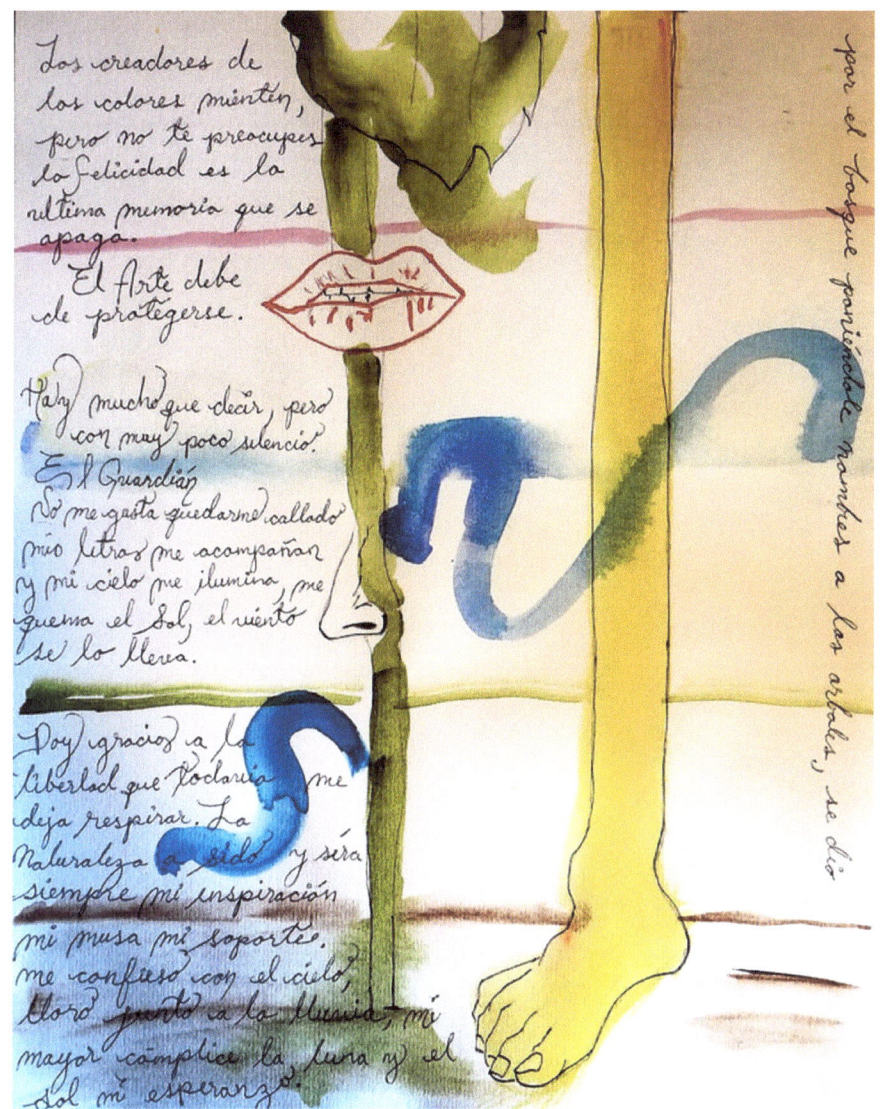

Ojos Color Acuarela

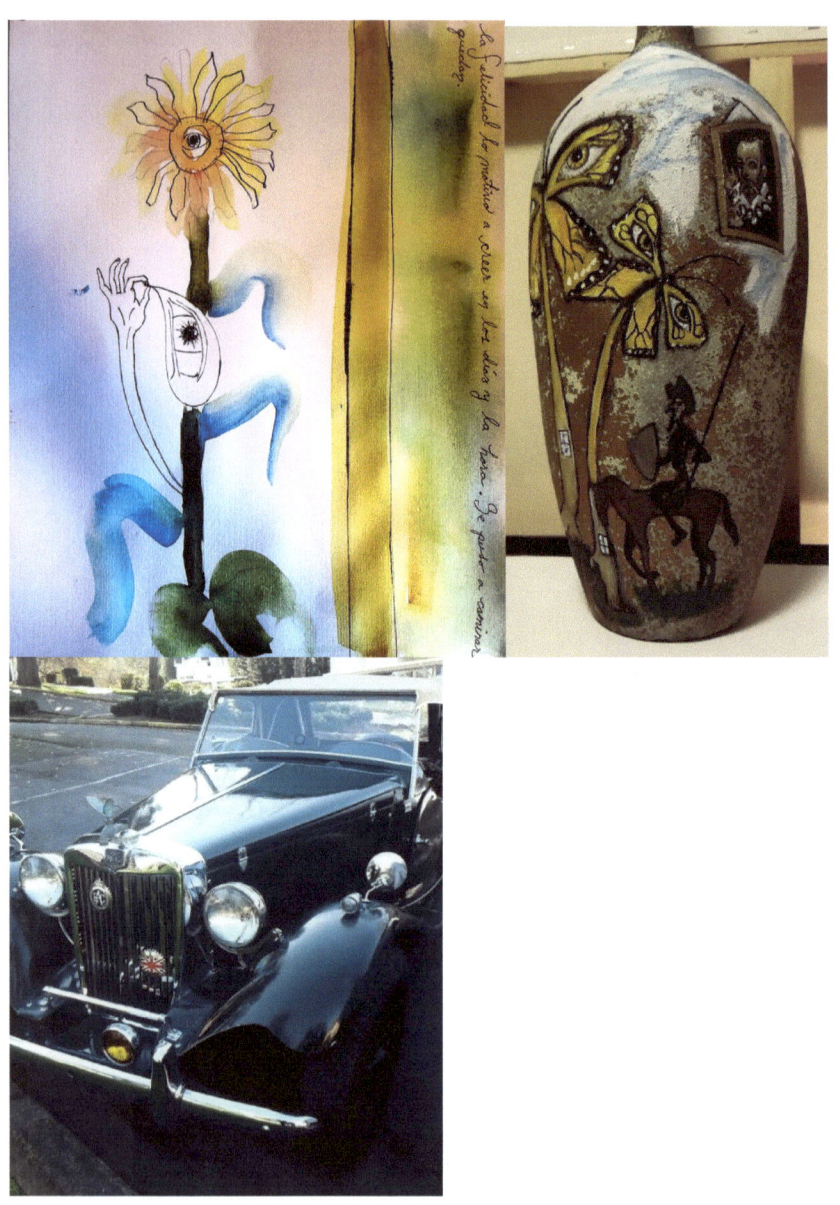

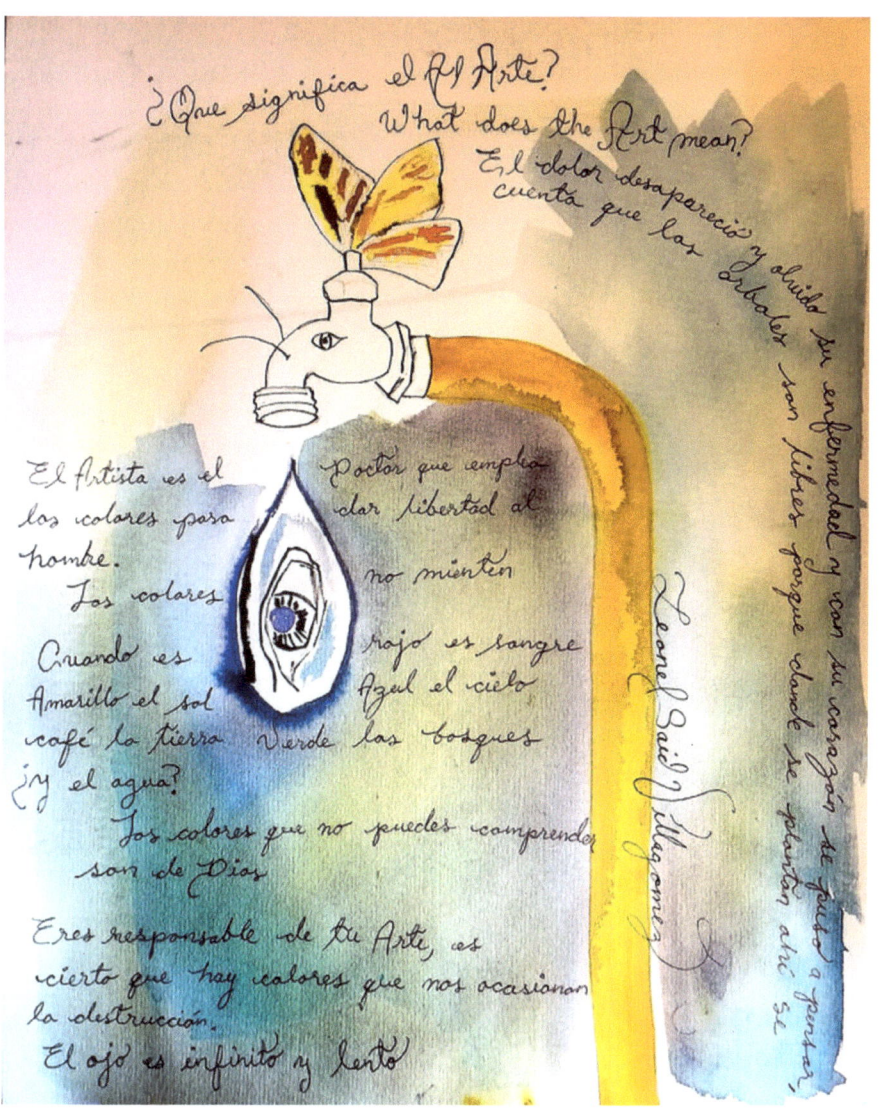

Ojos Color Acuarela

Otras Obras de Arte

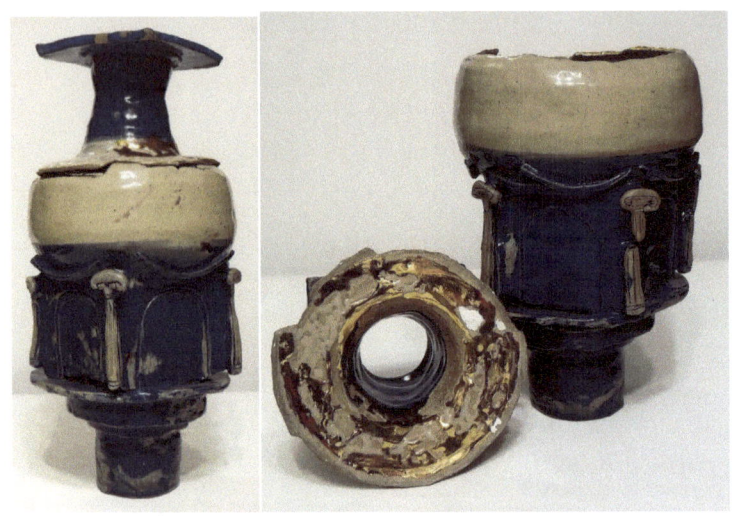

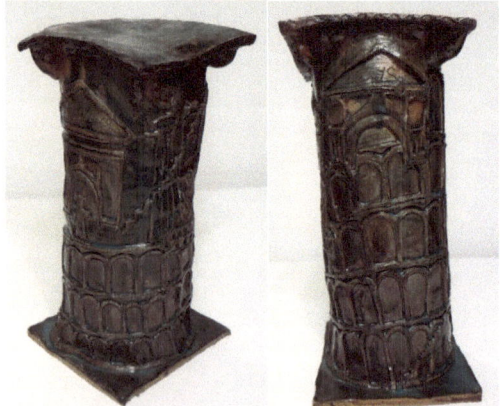

surrealismo, o presencias enigmáticas sobre el moldeado barro, o cualquier otra obra de arte es vida.

No habría reglas, si no hubiera caos. No habría jueces, si no hubiera personas que juzgar. No habría controversias, si no todos pensáramos lo mismo. Y no habría arte, si no existiera la humanidad.

El pasado, presente, futuro es conformado de las métricas deliciosas que alegran nuestras sensaciones desde el amanecer, hasta el anochecer. *No hay dolor que dure cien años*, solo esa arte que no haz de apreciar, de la misma manera que el prójimo. Y si es, con una relatividad distinta que osas aceptar la obra artística: como biografía de la belleza: entonces no hay dolor alguno.

Y al abrir tus ojos cada mañana, solo recuerda en cómo cambiar esa percepción artística. No solo para vivir un día más, sino para apreciar cada detalle a lo largo de tu día. Y si, esos tus ojos, color acuarela, deciden un día caer en silencio, solo recuerda dibujar dragones amarillos en tu imaginación, y al verte alejado del arte y sin nada que observar te dices a ti mismo: "lo he visto todo."

Ojos Color Acuarela

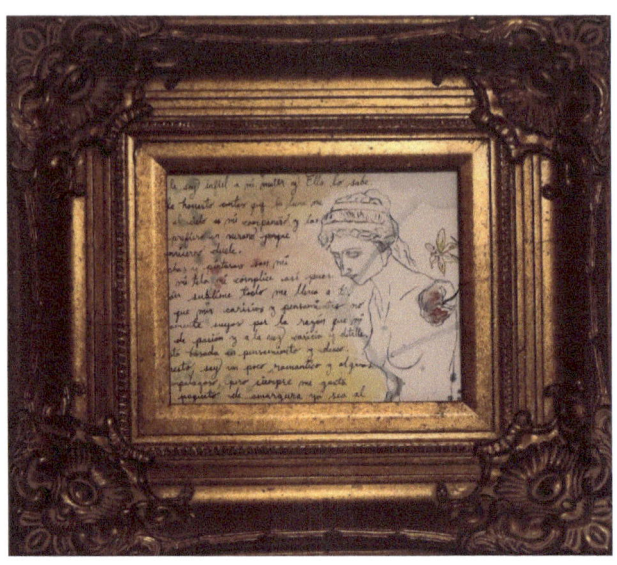

Nuestros ojos, esos ojos, color acuarela, danzan con la curiosidad del discernimiento del arte, los coloridos paisajes, y estas palabras difundidas que alumbran tu mente cuando las lees. El viaje se amplía o se limita con la forma en la que se aprecian las cosas. Con la forma en que se cambia ese color melódico y sincero en la pupila de los ojos. Y sin entonación de las emociones, depende de uno mismo, como valorar el arte a nuestro alrededor.

Y ya sea, cual sea, el mensaje difundido en la obra de arte, para reclamar un exclamo con el silbido de las letras, el mensaje recibido es personificado ante esos ojos color acuarela.

La controversia, polémica, razón o imaginación descrita en versos, o palabras racionales, o mentiras ilustradas en

se intenta representar. Personalmente, esta idea sobre el espejo, es fabulosa. Pero reiteradamente, cabe mencionar, que la opinión puede variar.

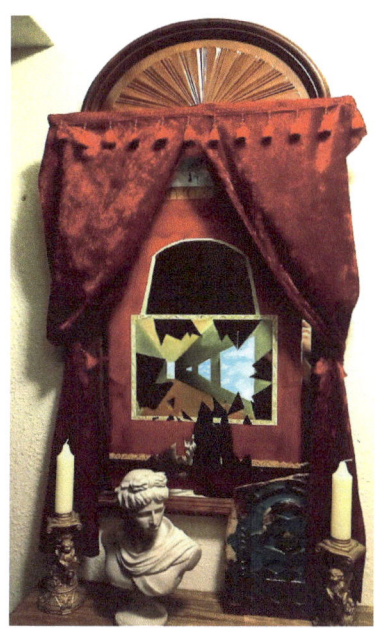

Arte XX
Carta a Julieta

Y la expresión artística y bohemia se expande por los sentidos hasta rosar las sensaciones, las emociones, las experiencias, el conocimiento de lo conocido y lo desconocido. Como mencione al principio de este libro, formamos parte del arte existente a nuestro alrededor. Un arte que no solo es simbólica, pero es perteneciente a nuestro pasado, a nuestro presente, y a nuestro futuro.

Arte XIX
El Espejismo Artístico

Esta idea es sensacional; al ver un equilibrio de representación y realismo. La siguiente pintura es un espejo sobre un espejo. Al acercarte a la pintura, puedes observar como la pintura, que es un espejo, se rompe y deja ver a través de esta, puesto que parece ser que el espejo era un tipo de pared.

La coordinación de realismo, y surrealismo se amplía con el contexto y el mensaje que el autor desea compartir. *"Quiero que, al mirarse al espejo, ellos sean la obra de arte"* dijo el artista. Una idea apropiada de surrealismo y amplia imaginación.

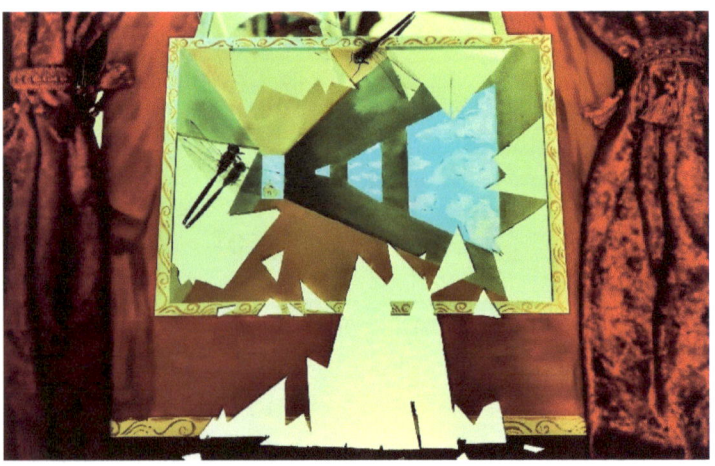

Nuevamente, a través de esta surrealista obra de arte, uno debe hacer conexión con lo conocido, lo observado, y lo que

www.ingramcontent.com/pod-product-compliance
Lightning Source LLC
Chambersburg PA
CBHW040325220526
45473CB00009B/2567